LA

TIMIDITÉ

racontée aux enfants

Catalogage avant publication de Bibliothèque et Archives nationales du Québec et Bibliothèque et Archives Canada

Titre: La timidité racontée aux enfants / Emmanuelle Jasmin.

Noms: Jasmin, Emmanuelle, 1978- auteur.

Identifiants: Canadiana (livre imprimé) 20210071516 | Canadiana (livre numérique) 20210071524 | ISBN 9782897923389 | ISBN 9782897923396 (PDF) | ISBN 9782897923402 (EPUB)

Vedettes-matière: RVM: Timidité chez l'enfant—Ouvrages pour la jeunesse. | RVMGF: Albums documentaires.

Classification: LCC BF723.T64 J37 2022 | CDD j155.4/18232—dc23

Direction littéraire et édition: Chloé Poitras

Révision: Aimée Verret

Correction d'épreuves: Élaine Parisien

Illustrations: Jean Morin

Maquette de la couverture et graphisme intérieur: Ateliers Prêt-Presse

Dépôt légal
Bibliothèque et Archives Canada
Bibliothèque et Archives nationales du Québec
Bibliothèque nationale de France
1er trimestre 2022

Imprimé au Canada

Financé par le gouvernement du Canada | Canada

Gouvernement du Québec – Programme de crédit d'impôt pour l'édition de livres – Gestion SODEC.

ASSOCIATION NATIONALE DES ÉDITEURS DE LIVRES

Membre de l'Association nationale des éditeurs de livres (ANEL)

EMMANUELLE JASMIN, ergothérapeute
Illustrations par Jean Morin

LA TIMIDITÉ racontée aux enfants

ÉDITIONS DE MORTAGNE

Je ne me rappelle plus exactement quand la timidité est apparue dans ma vie. Je sais seulement qu'elle surgit si je me trouve avec une personne inconnue ou peu familière, ou si l'attention des autres est tournée vers moi. Tout à coup, j'éprouve de l'**EMBARRAS** et je me sens vulnérable, presque nue comme un ver ! Et là, tel un escargot, je rentre aussitôt dans ma **COQUILLE**.

Ma timidité me fait perdre la maîtrise de mon corps. Mes muscles se crispent, mes gestes deviennent maladroits et TREMBLOTANTS. Mon cœur se met à battre aussi fort qu'un tambour. Ma tête s'incline et mon regard se pose sur le sol. Ma voix faiblit et les mots trébuchent dans ma bouche. Chaque fois, j'espère passer inaperçue, mais ma mère dit que ma peau vire au rouge homard. Impossible de cacher ma gêne !

Heureusement, ma timidité n'est pas toujours présente. Quand je suis seule ou en présence de ma famille et de mes amis, je reprends possession de mon corps et j'ai enfin l'impression d'être moi-même. Je me sens libre de bouger, de parler, de chanter, de m'amuser comme je veux... J'adore jouer des tours à mon grand frère et faire le clown !

Cependant, si ça sonne à la porte ou si on reçoit de la visite, ma timidité revient au GALOP. J'ai beau lui crier: «Va-t'en! Laisse-moi tranquille!» elle s'empare de moi. Pour la fuir, je vais parfois m'enfermer dans ma chambre ou me CACHER dans ma garde-robe. Si on m'oblige à côtoyer des inconnus, je reste silencieuse. Et, si quelqu'un a le malheur de me dire: «Camille, ne sois pas timide!» «Camille, est-ce que le chat a mangé ta langue?» ou «Camille, sors de ta coquille!» je deviens encore plus timide: je me fige comme une statue!

À l'école, ma timidité me suit presque partout. Lorsque je joue avec mes amis ou travaille avec mes camarades de classe, elle me laisse un peu tranquille. Si monsieur Paul me pose une question ou me demande de lire un texte à voix haute, ma timidité me fait hésiter et **bafouiller**. Je déteste avoir l'impression de perdre la face!

Ma bête noire? Les présentations orales. **L'horreur!!** Lorsque vingt-cinq paires d'yeux me fixent, c'est immanquable, je me mets à trembler comme une feuille.

Je suis une élève discrète, attentive et appliquée. Parfois, monsieur Paul me félicite devant toute la classe pour mon comportement exemplaire. C'est tellement embarrassant ! J'essaie d'éviter d'attirer l'attention et voilà que c'est le contraire qui se produit ! Mes camarades me chuchotent : « Camille, tu es le chouchou du prof ! » J'aimerais leur répondre que c'est faux, mais je demeure muette comme une carpe, incapable de m'exprimer, de m'affirmer.

À la récréation, je me tiens seulement avec mes amis. C'est rassurant et amusant d'être en leur compagnie. Mais, quand je me retrouve seule, on dirait que je suis aussi fragile que du verre. Je crains d'être remarquée puis intimidée... et d'éclater en sanglots. Alors, si mes amis sont absents, je vais à la bibliothèque. Ça m'évite d'avoir peur, de me sentir mal. Et j'aime beaucoup lire !

Je passe **TROP** de temps à la bibliothèque et l'école a appelé à la maison. Je n'interagis pas assez avec les autres, à ce qu'il paraît... Pour m'aider à surmonter ma timidité, mes parents ont décidé de m'inscrire à des cours de théâtre. Je ne voulais **PAS** y aller, mais ils m'ont convaincue de tenter l'expérience.

— Tu es tellement comique quand tu fais le clown devant nous ! Essaie au moins un cours et, si vraiment tu n'aimes pas ça, tu pourras arrêter.

Marie, l'enseignante, a tout de suite perçu ma grande timidité.

— Tu sais, Camille, moi aussi, j'ai déjà été sous l'emprise de cette émotion, m'a-t-elle confié. Au lieu de la fuir, j'ai appris à l'accepter et à l'apprivoiser. J'ai découvert qu'en jouant des personnages, au théâtre, je pouvais la maîtriser. Tu veux que je te montre ?

J'ai acquiescé d'un signe de tête. J'en ai assez de me CACHER dans ma coquille !

Marie m'a donné une foule d'astuces théâtrales et, peu à peu, j'arrive à prendre confiance en mes capacités et à dépasser mes LIMITES. Sur scène, je peux être qui je veux : une magicienne, une exploratrice… même une extraterrestre !

Quand la timidité crispe mon corps, je choisis de m'en servir pour incarner un vieillard fragile ou de la combattre en jouant un géant FORT et musclé.

Quand elle fait battre la chamade à mon cœur, je deviens une musicienne qui accompagne ses battements au tambour ou qui tente de les apaiser avec une berceuse.

Quand elle rend mes gestes maladroits, je peux en rire en me transformant en une GAFFEUSE aux mouvements désordonnés.

Quand elle étouffe ma voix, j'opte pour le mime et, si ma peau rougit, je peux le CAMOUFLER en jouant une personne très en colère.

Comme avec ma famille et mes amis, j'ai recours à l'humour afin de faire rire les gens avec mes maladresses. J'adore les entendre s'esclaffer ! J'ai aussi appris des trucs pour être plus à l'aise lorsque tous les regards convergent vers moi.

Maintenant, je me sens mieux outillée pour faire face à ma timidité. Je peux ranger ma coquille, car j'en aurai moins besoin, désormais !

AUTO-OBSERVATION

Signes physiques

- ☑ Ton corps se crispe, tes muscles se tendent.
- ☑ Une sensation de chaleur t'envahit, tu transpires.
- ☑ Ta peau rougit, surtout au niveau du visage.
- ☑ Ton cœur bat plus rapidement et plus fort.
- ☑ Ta respiration s'accélère et ton souffle est plus court.
- ☑ Ta bouche est sèche.
- ☑ Tes mains sont moites.
- ☑ Tes mains et tes jambes sont prises de tremblements.
- ☑ Tes gestes deviennent maladroits.
- ☑ Ta gorge se serre et ta voix s'affaiblit.
- ☑ Tu te mets à bafouiller ou à bégayer.

Signes psychologiques et comportementaux

- ☑ Tu te sens mal à l'aise, vulnérable.
- ☑ Tu espères qu'on ne te remarque pas, tu n'aimes pas attirer l'attention.
- ☑ Tu doutes de tes compétences ou de ta capacité à accomplir quelque chose.
- ☑ Tu crains de faire des erreurs, de te tromper et qu'on se moque de toi.
- ☑ Tu baisses la tête et regardes vers le bas pour éviter les contacts visuels.

- ☑ Tu gardes le silence en présence d'inconnus.
- ☑ Tu cherches à fuir ce qui te rend timide, en t'éloignant ou en te cachant. Si seulement tu avais le pouvoir d'être invisible...
- ☑ Tu préfères jouer en solitaire plutôt que de demander à un nouvel ami de se joindre à toi.

- ☑ Tu t'assures de rester près des gens que tu connais bien.
- ☑ Tu évites d'adresser la parole aux adultes.

Qu'est-ce qui fait surgir ta timidité ?

Différents événements peuvent faire apparaître ta timidité. Peux-tu repérer ceux qui correspondent à ta réalité ?

- ☑ Le facteur sonne à la porte pour livrer un colis. Aussitôt, tu te sauves dans ta chambre !

- ☑ Vous recevez de la visite à la maison pour le souper. Tu ne prononces pas un mot de tout le repas, préférant observer et écouter les autres.

- ☑ Ton professeur pose une question au groupe. Tu évites son regard, priant qu'un ou une de tes camarades se porte volontaire avant qu'il ne te nomme.

- ☑ Si tu as une présentation orale à préparer, c'est l'angoisse totale. Tu y penses jour et nuit. Debout devant la classe, même si tu as appris ton texte par cœur, tu te figes ou tu bafouilles.
- ☑ On t'invite à une fête d'amis. À ton grand étonnement, tu connais seulement quelques personnes. Avoir su, tu aurais refusé! Tu parles uniquement avec tes amis.

Voici quelques exemples de phrases que ton entourage peut te dire et qui, au lieu de te dégêner, ne font qu'augmenter ta timidité:

- ☑ «Ne sois pas timide, voyons!»
- ☑ «Est-ce que le chat t'a mangé la langue?»

- ☑ «Parle, dis quelque chose!»
- ☑ «Tu n'as pas à ressentir de la gêne avec nous.»
- ☑ «Où y a de la gêne, y a pas de plaisir!»

Chez certaines personnes, elle peut cependant devenir envahissante. Elle les empêche alors de participer pleinement à l'école ou dans d'autres contextes. Si c'est ton cas, il existe plusieurs trucs pour mieux la maîtriser.

Reconnais et accepte ta timidité

Il peut être tentant de nier ta timidité ou de la fuir, mais là n'est pas la solution.

- Prête attention aux signes physiques ou psychologiques et comportementaux qui sont propres à ta timidité.

Exemple

À l'épicerie, alors que tu fais la file pour payer avec ta maman ou ton papa, une dame t'aborde pour t'informer que tu as échappé quelque chose par terre. Ton cœur se met à battre à toute vitesse, tu te figes comme une statue et tu baisses la tête pour éviter son regard. Tu n'oses pas répondre par crainte de bafouiller.

- Réfléchis à ce qui a pu causer ton inconfort afin de mieux comprendre ton émotion. Il te sera plus facile d'accepter ta timidité.

Exemple

« Je ne connaissais pas cette dame et je ne m'attendais pas à ce qu'elle m'adresse la parole. Me faire prendre au dépourvu engendre un stress chez moi. »

- Mets en application des trucs pour apprivoiser ta timidité, si la situation se reproduit.

Exemple

« Je respire profondément pour me calmer. Puis je me rassure en me rappelant que je suis en sécurité avec ma maman ou mon papa. Je regarde la dame dans les yeux et je lui réponds un simple : "Merci !" Ce n'est pas grave si je bafouille et que ça la fait rire. J'aurai réussi à mettre du soleil dans sa journée ! »

Exemples d'astuces visant à te faire sentir plus à l'aise avec les autres

- Discute de ta timidité avec une personne attentive et compréhensive. Par exemple: «Ça me stresse d'adresser la parole à des inconnus.» «Faire une présentation orale m'angoisse.» Le simple fait d'en parler peut te permettre de te sentir mieux. Cette personne t'aidera même peut-être à trouver des solutions pour faire face à ta timidité.
- Intègre à ta routine quotidienne des exercices de relaxation et de visualisation. De cette manière, tu seras aussi capable de les pratiquer avant ou pendant une situation stressante.

Exercice de relaxation par la respiration

Inspire profondément pendant 5 secondes, puis expire pendant 5 secondes. Répète cet exercice jusqu'à ce que ton corps et ta tête se détendent.

Exercice de visualisation

Ferme les yeux et pense à une situation, à une personne ou à un endroit qui te fait te sentir bien. Par exemple: «Je m'imagine en train de lire dans un hamac.» «Je me vois jouer aux cartes avec ma famille.» «Je me rappelle une blague racontée par un ami.» Ensuite, prête attention aux signes de bien-être que tu observes à ce moment précis: ton corps est détendu, ton esprit est calme, tu éprouves de la joie, etc. Tu peux même visualiser positivement une situation qui te fait peur, ce qui t'aidera à mieux y faire face la prochaine fois. Par exemple: «Je fais mon oral devant la classe et je m'exprime avec aisance.» «En éducation physique, je participe au match de soccer et j'encourage mon équipe à voix haute.»

- Lance-toi des défis à relever, comme ouvrir la porte quand quelqu'un sonne, saluer les invités qui arrivent chez toi, répondre aux questions de ton professeur, demander à un nouvel ami si tu peux jouer avec lui, etc.

- Imagine un plan ou un scénario pour te préparer à réagir à une situation inconfortable. Écris ou dessines-en chaque étape, ainsi que les trucs qui t'aideront à te sentir plus à l'aise. Mets ensuite tes idées en application en faisant semblant. Tu verras, c'est amusant !

- Quand tu rencontres quelqu'un de nouveau, essaie, en premier lieu, de simplement le saluer. Plus tard, tu pourras peut-être te présenter en te nommant. Puis, donne-toi du temps pour apprendre à connaître cette personne. Plus tu te sentiras à l'aise en sa présence, plus tu seras en mesure d'interagir avec elle.

TRUCS ET STRATÉGIES

- Inscris-toi à un cours qui t'amènera à te retrouver sur scène ou sous le regard d'un public (théâtre, chant, danse, piano, etc.). Tu apprivoiseras peu à peu ta timidité, en plus de découvrir d'autres façons de te sentir plus à l'aise avec ou devant les autres.

- Si la timidité fait partie de ta personnalité, c'est très bien ainsi! Pour apprécier davantage la personne que tu es, tu peux écrire tes qualités et tes forces (une grande capacité d'écoute, un bon sens de l'observation, une créativité débordante, etc.). L'avis de tes proches pourrait aussi t'inspirer. De plus, réaliser des activités que tu aimes, qui te font du bien et qui te permettent de développer ces qualités et ces forces renforcera ta confiance en toi.

- Surtout, n'hésite pas à discuter de ta timidité et à demander de l'aide si tu en ressens le besoin, que ce soit à tes parents, à ton professeur ou à toute autre personne de confiance... Tu n'as pas à porter seul(e) le poids des soucis qu'elle te cause.

POUR LES PARENTS

La timidité se traduit par un sentiment d'inconfort dans des situations sociales, mais peut également désigner une manière d'être avec autrui, qui se manifeste par la réserve et l'inhibition. Une personne timide fera preuve de prudence ou de méfiance en présence de gens nouveaux et aura une conscience excessive d'elle-même lorsqu'elle se sentira observée.

POUR LES PARENTS

Cette émotion peut affecter l'enfant dans plusieurs situations sociales, dont les plus courantes sont la rencontre d'inconnus et l'exercice d'une activité sous le regard d'autrui. Même s'il existe une corrélation entre la timidité et l'introversion, celles-ci ne doivent pas être confondues. L'enfant introverti peut être réservé et silencieux par choix et non par inconfort. En contrepartie, l'enfant timide peut avoir une personnalité extravertie dans des contextes familiers.

Même si la timidité n'est pas considérée comme une maladie, elle se situe dans le spectre de l'anxiété sociale. Le trac et la timidité sont des formes bénignes d'anxiété sociale, alors que le trouble d'anxiété sociale (aussi appelé «phobie sociale») constitue sa forme pathologique. Il s'agit d'une peur intense et persistante dont le diagnostic nécessite l'évaluation d'un médecin ou d'un psychologue.

POUR LES PARENTS

Certaines peurs sont considérées comme typiques selon l'âge ou le stade développemental de l'enfant. Par exemple, vers 8 ou 9 mois, un tout-petit peut avoir peur des étrangers et réagir fortement s'il est séparé de ses parents. Vers 2 ou 3 ans, il peut être craintif en présence d'autres enfants.

Tout individu, enfant ou adulte, ressent un certain stress face à une situation sociale nouvelle ou imprévisible (dont il n'a pas le contrôle). Cependant, les enfants sont plus vulnérables que les adultes, puisqu'ils sont moins outillés pour gérer leurs émotions et relativiser l'effet de nouveauté ou l'imprévisibilité. Les situations suivantes entraînent souvent du stress ou de l'anxiété chez l'enfant: l'entrée à la garderie, une première visite chez le dentiste, un changement d'école ou de professeur, etc. Par ailleurs, il est souhaitable, pour sa sécurité, qu'en l'absence d'un proche, l'enfant se méfie des inconnus.

POUR LES PARENTS

C'est vers l'âge de 2 ou 3 ans qu'il devient plus conscient des réactions qu'il suscite chez les autres (rire, colère, peur, etc.) et c'est à ce moment que la timidité peut vraiment commencer à apparaître. L'enfant aura alors besoin d'être sécurisé ainsi que d'accroître sa confiance en lui.

À travers ses expériences, il développera son aisance avec autrui, de même que ses compétences sociales. Cependant, il arrive que la timidité persiste, augmente avec le temps ou se manifeste plus tard. C'est en observant l'enfant avec des personnes non familières, autant des adultes que des jeunes de son âge, qu'on peut la déceler.

POUR LES PARENTS

La timidité est causée par un ensemble de facteurs à la fois innés et acquis. À l'origine, l'anxiété sociale sous diverses formes rendait sans doute l'être humain vigilant dans des contextes sociaux à risque de danger, comme la rencontre d'inconnus, afin d'assurer sa survie. La timidité pourrait donc faire partie du patrimoine génétique humain.

POUR LES PARENTS

Dès la naissance, des bébés sont plus vulnérables au stress et prédisposés à l'anxiété face à la nouveauté. La transmission de l'anxiété sociale peut aussi comporter une composante héréditaire. Certains enfants sont également plus sensibles sur le plan sensoriel, et il arrive qu'ils soient mal à l'aise ou hypervigilants dans diverses situations.

Par ailleurs, l'environnement dans lequel évolue l'enfant influence grandement la construction de sa personnalité. Différents facteurs contextuels peuvent ainsi contribuer au développement de sa timidité :

- l'observation de personnes timides dans son entourage immédiat ;
- peu d'interactions sociales ;
- des parents qui le surprotègent, le surestiment ou le dévalorisent ;
- des événements traumatisants (humiliation ou intimidation).

POUR LES PARENTS

Une différence physique (réelle ou imaginaire) ou un problème de développement ou d'apprentissage (des difficultés de prononciation, par exemple) peuvent également entraîner l'inhibition sociale de l'enfant, surtout s'il a déjà été l'objet de moqueries. Derrière la timidité se cache souvent une peur du ridicule.

En outre, la culture influence la prévalence de la timidité. Les personnes timides seraient plus nombreuses au Japon qu'ailleurs dans le monde.

Enfin, si une faible estime de soi est fréquemment associée à la timidité, c'est avant tout la confiance en soi dans certains contextes sociaux qui est atteinte.

POUR LES PARENTS

Un enfant timide aura plutôt tendance à jouer seul et à moins interagir avec les autres. De ce fait, il développera moins de liens d'amitié et de compétences sociales. Il risquera aussi davantage d'être victime d'intimidation et de rejet, devenant ainsi plus vulnérable à l'anxiété et à la dépression. Il est donc recommandé de déceler la timidité d'un enfant et d'agir de manière préventive (voir la section suivante).

Toutefois, la timidité n'a pas que des côtés négatifs, heureusement ! Elle peut aussi favoriser le développement de certaines qualités et compétences. Par exemple, les personnes timides sont souvent reconnues pour leurs capacités d'écoute et d'analyse, leur empathie, leur discrétion, leur respect des autres, leur sens de l'observation, leur esprit critique, ainsi que leur créativité.

En grandissant, une personne timide peut, d'une part, accepter sa nature plus réservée. Ce mode d'adaptation sociale serait plus typique des femmes, particulièrement dans les cultures qui associent timidité et féminité à la soumission, à la douceur et à la sentimentalité. Dans ce contexte, on peut même utiliser la timidité comme outil de séduction, afin de s'attirer protection, affection et bienveillance.

D'autre part, certains décideront plutôt d'affronter leur timidité en choisissant un travail ou des loisirs qui les exposeront au regard d'autrui. Il n'est d'ailleurs pas rare que des artistes (chanteurs, comédiens, humoristes, etc.) avouent être de grands timides.

POUR LES PARENTS

Il n'y a pas de solution magique pour vaincre ou diminuer la timidité de votre enfant. Voici néanmoins quelques suggestions pour vous permettre de l'accompagner, afin qu'il se sente plus à l'aise dans certaines situations qui font surgir cette émotion en lui :

- Il importe avant tout qu'il ait conscience d'être aimé et accepté comme il est. Il est préférable d'éviter de lui apposer l'étiquette d'« enfant timide » ou de le critiquer pour sa timidité. Cela ne ferait qu'accroître son malaise. Signifiez-lui plutôt que vous comprenez son inconfort.

POUR LES PARENTS

- Pour diminuer l'anxiété de l'enfant, il est recommandé de prendre le temps de l'écouter vous parler de ses émotions et de reconnaître qu'elles ont de la valeur. S'il y est disposé et qu'il est d'accord, vous pouvez ensuite lui montrer à se détendre grâce à une technique de relaxation comme les respirations profondes.
- En l'exposant graduellement à des situations sociales nouvelles ou inconfortables, vous lui permettrez de s'y préparer. Un enfant qui sait à quoi s'attendre sera moins anxieux.
- Afin de favoriser le développement de ses compétences sociales, créez-lui des occasions de jouer avec d'autres enfants. Encouragez-le et félicitez-le pour ses initiatives, s'il va vers les autres. Apprenez-lui aussi différentes façons d'entrer en relation avec de nouvelles personnes.

POUR LES PARENTS

- Lui permettre de trouver et de mettre en pratique ses propres solutions pour affronter des situations inconfortables renforcera son autonomie et sa confiance en lui.
- Selon les centres d'intérêt de votre enfant, certaines activités (théâtre, danse, chant, improvisation, etc.) peuvent contribuer à diminuer sa timidité et à augmenter sa confiance en lui.

POUR LES PARENTS

Si la timidité de votre enfant affecte son bien-être ou limite son fonctionnement au quotidien, il est préférable de consulter un médecin ou un professionnel, comme un psychologue, un psychoéducateur ou un ergothérapeute. Il l'aidera à mieux gérer son anxiété, à développer ses compétences sociales et à accroître sa confiance en lui.

Il est important, néanmoins, de se rappeler que la timidité n'est pas une maladie et qu'il est normal de ressentir de l'inconfort ou de la peur dans certaines situations.

REMERCIEMENTS

Ce livre s'inspire de mon expérience et de celle d'enfants et d'adultes côtoyés dans ma vie personnelle et professionnelle, ainsi que de mes lectures sur la timidité. Je tiens donc à remercier toutes les personnes qui ont contribué, de près ou de loin, au contenu de ce livre. Merci spécialement à mon frère Sébastien qui, par son exemple, m'a donné le courage de suivre des ateliers de théâtre, ce qui fut une source d'inspiration pour cette histoire.

Ce projet n'aurait pu voir le jour sans l'appui et la collaboration des Éditions de Mortagne. Je sais gré particulièrement à Chloé Poitras de son accompagnement et de son précieux travail de direction littéraire. Je remercie également Aimée Verret pour la révision linguistique du texte, et Jean Morin pour ses magnifiques illustrations.

Enfin, je suis reconnaissante du soutien et des encouragements de mon amoureux, de mes proches et de mes camarades dans la réalisation de mes projets, dont ce conte pour enfants.

À PROPOS DE L'AUTRICE

Emmanuelle Jasmin est ergothérapeute, professeure titulaire et directrice du programme d'ergothérapie à l'École de réadaptation de la Faculté de médecine et des sciences de la santé de l'Université de Sherbrooke. Elle détient une maîtrise en science de la réadaptation de l'Université McGill et un doctorat en éducation de l'Université de Sherbrooke. Elle a exercé l'ergothérapie auprès d'enfants dans divers contextes, notamment en pédopsychiatrie et en pédiatrie sociale. Elle est l'autrice de l'album illustré *Les maladresses d'Agnès*, chez Dominique et compagnie (2015), et de l'ouvrage pédagogique *Des sciences sociales à l'ergothérapie*, aux Presses de l'Université du Québec (2019).

Dans la même collection

Dans la même collection

Dans la même collection

Achevé d'imprimer
sur les presses de
Imprimerie H.L.N.
Imprimé au Canada - Printed in Canada